希望と幸福に満ちた

人生の扉をひらく50の法則

ジェームズ・スベンソン　著
弓場隆　著

Discover

HOW TO ACHIEVE GREAT SUCCESS
by JAMES SVENSON

目次

第二章 人とうまくやっていく

第三章 幸せに働く

第四章

逆境を乗り越える

第五章

豊かに生きる

はじめに

同じ能力を持つ二人の人間が、同じ悪条件の下で同じ課題に直面したとしよう。一人はそれができる理由を考え、積極的に行動し、それをなしとげる。もう一人はそれができない理由を考え、行動を起こさず、結局、何もなしとげない。

アップルとマイクロソフトは資本金一万ドル以下の零細企業から出発したが、どちらも世界的企業にまで成長した。

それはなぜか？　できる理由を創業者が考えたからだ。その結果、多くの人が共鳴し、その中から支援者が現れ、着実に業績があがったのである。

そのプロセスは次のとおり。

1　夢を見る
2　自分を信じる
3　勇気を出す
4　実行に移す

まず、夢を見よう。それがすべての出発点だ。そして自分の力を信じ、勇気を出し、実行に移そう。

夢とは、まだ実現していない目標のことである。大切なのは、その実現のために最善を尽くして社会に貢献するという高い志を持つことだ。

世の中で最も残念な言葉は、「やってみたらできたかもしれない」である。それに対し、最も感動的な言葉は、「やってみたらできた」である。

さて、あなたはどちらを選ぶだろうか？

ジェームズ・スベンソン

第一章

夢をかなえる

01

自分の力を信じる

多くの人は失敗するとすぐに「自分には成功する素質がない」と思い込み、そこであきらめる。その結果、実際に失敗者になってしまうのだ。

失敗者の口ぐせは「やっぱりダメだった」「自分にはこの程度しかできない」である。「なぜいつもこんな目にあうのか」と自分を哀れむ人すらいる。

自分の力を信じていない証しだ。

それに対し成功者は、うまくいかないことがあっても「いい手ごたえがあった」「おかげで成功に近づいた」と考える。

彼らの口ぐせは「必ず成功する」「絶対にうまくいく」である。

自分の力を信じている証しだ。

失敗者は「失敗の先にさらに大きな失敗が待ち受けている」と恐れおののき、成功者は「失敗の先には必ず成功がある」と期待に胸をふくらませる。

失敗者は「失敗は自分の無能の表れだ」と嘆き、成功者は「失敗は自分の腕の見せどころだ」と思ってわくわくする。

史上初めてヘビー級で二度の王座返り咲きを果たした伝説のボクサー、モハメド・アリは、こう言った。

「人生はボクシングと似ている。問題は倒れることではなく、倒れたときに立ち上がろうとしないことだ」

02

心の奥底にある恐怖を解き放つ

人びとの心の奥底には、失敗への恐怖がある。この恐怖こそが、夢をかなえるうえで最大の障害になる。

なぜか？　失敗を恐れるあまり、新しいことや難しいことに挑戦するのを避け、安易な道を選ぼうとするからだ。平凡な業績で満足するかぎり進歩はない。自己満足の先にはなんの成長もないのだ。

なぜ、人びとは失敗への恐怖を抱くのだろうか？

その理由は、子どものころに親や教師、兄弟などの周囲の人から「失敗は怖い」と何度も教え込まれたからだ。恐怖は簡単に消えるものではない。だから、人びとは自覚するかどうかには関係なく、大人になってからも失敗への恐怖に取りつかれたままになっているのである。

しかし、失敗は本当に怖いものだろうか？

フォード・モーターの創業者ヘンリー・フォードは自分の経験を振り返って、**「失敗とは、より賢くなって再挑戦する機会のことである」**と言っている。

まさにそのとおりだ。

失敗することによって賢くなり、レベルアップした状態でふたたび挑戦できると考えれば、「失敗は怖い」という固定観念はなくなる。

心の奥底にある失敗への恐怖を解き放とう。それが夢をかなえるための第一歩となる。

03

心の持ち方をあえてポジティブにする

世の中には大きく分けて二種類の人がいる。何度もチャンスをつかんで成功する人と、一度もチャンスをつかめずに成功しない人だ。この差はどこにあるのだろうか？

チャンスとは不思議なもので、つねにアンテナを張りめぐらして感覚を研ぎ澄ましていると、いくらでも見つかる。興味深い格言を紹介しよう。

「ある夜、二人の囚人が鉄格子の外を眺めた。一人は輝く星を見たが、もう一人は真っ暗な空しか見なかった」

チャンスは誰にでも平等に与えられているのだが、心の持ち方がネガティブな人はそれに気づかないだけなのだ。それに対し、**どんなに環境が悪くても、心の**

持ち方がポジティブな人はチャンスに気づくことができる。

あなたは「環境が悪いからチャンスが見つからない」と思い込んでいないだろうか？　それは非常にもったいないことだ。

意識して、心の持ち方をポジティブにしよう。そうすればチャンスに気づき、成功に結びつけることができる。

成功者は心の持ち方がいつもポジティブである。ただし、それは生まれつきではなく、多くの場合、日ごろの努力の賜物なのだ。

無一文から石油事業を起こして大財閥を築いたジョン・D・ロックフェラーは、自著の中でこう力説している。

「私は悲観的な考えを頭から追い払い、明るい性格になるよう生涯を通じて意識的に努力してきた」

04

目標を鮮明にイメージする

目標をあいまいに思い描いていては、なかなか目標は達成できない。最後までやりぬくことができないからだ。目標は心の中で鮮明にイメージしてこそ、成功に結びつくのである。

アメリカの遠距離泳者フローレンス・チャドウィックは、イギリス海峡を双方向から泳いで渡った最初の女性である。一九五〇年に十三時間二十分でフランスからイギリスへ、翌年には十六時間二十二分で逆方向への横断に成功した。

さらに一九五二年には、カリフォルニア州ロングビーチ沖の幅三十四キロもあるカタリナ海峡を泳いで渡る計画を立てた。だが、あいにく当日は霧が濃く、カタリナ島から目標地点であるカリフォルニアの海岸線が見えなかった。彼女は出発から十五時間ほど経過したときに自信をなくし、救命ボートに乗っていた母親に「もうダメだ」と言って途中でリタイアした。ところが、その地点はカリフォルニアの岸辺からわずか一・五キロしか離れておらず、あと一息のところまで来ていたことにあとで気づいたのである。

フローレンスは「目標が見えていなかったことが原因だ」と反省し、イメージトレーニングをしっかりおこなって、二ヵ月後にカタリナ海峡の横断に再挑戦した。当日も霧が濃かったが、男子の記録を約二時間も縮めて泳ぎきった。

フローレンスは成功の要因を「心の中でカリフォルニアの海岸線を鮮明にイメージしたことにある」と語っている。

スポーツにかぎらず仕事や人生でも目標を鮮明にイメージする習慣をつければ、最後までやりぬくことが容易になる。

05

必ず成功すると自分に言い聞かせる

成功するためにはイメージトレーニングだけでなく、自分にポジティブなメッセージを言い聞かせることが欠かせない。

毎日、何度もくり返しているうちに心の中に強い信念が生まれ、やがてそれを実現するために潜在意識が働きだすからだ。

イメージトレーニングをしながら、自分にポジティブな言葉をくり返しかけることは、それくらい効果がある。

アメリカの十種競技選手ダン・オブライエンは、オリンピック出場をめざして何年も猛練習を積んできた。しかし、一九九二年、国内の代表選考会の予選で棒高跳びを三回連続で失敗してしまい、同年のバルセロナオリンピックに出場できなくなってしまった。

彼は同じ失敗をくり返すまいと心に誓った。そして、自分がオリンピックの会場で金メダルを獲得して観衆の声援にこたえている姿をイメージするだけでなく、毎日、「私は世界最強のアスリートだ」と何度も自分に言い聞かせたのだ。

そのかいあって、四年後の一九九六年、アトランタオリンピックへの出場を果たし、ついに念願の金メダルを獲得した。しかも、アメリカ人選手として十種競技で金メダルを獲得したのは、二十年ぶりの快挙だった。

自分にポジティブな言葉をかけよう。

そのうえで努力を積み重ねれば、やがてそれは現実になる。

06

地道な努力を積み重ねる

世の中には天才と呼ばれる人たちがいる。とくに芸能やスポーツの世界では、たいした努力もせずに成功したように見える人がいる。たしかに天与の才能に恵まれている人がいるのは事実だが、はたして努力せずに成功できるものだろうか。

たとえばモーツァルトは、苦労せずに即興で数々の名曲をつくったと伝えられている。だが、それは後世の人が興味本位でつくった虚像にすぎない。彼は物心つくころから厳格な父親に音楽のスパルタ教育を受け、毎日何時間もピアノの猛練習をしていた。

シドニー・シェルダンは、全世界で累計三億部を超える驚異的な売り上げを記録し、「天才作家」と呼ばれている。だが、彼は家族の協力を得て何十回も文章を推敲し、一年ほどかけてひとつの作品をつくりあげていた。だから、作品の数はあまり多くない。

ジョン・マッケンローは、テニスの聖地ウィンブルドンで三度の優勝を果たして「天才プレーヤー」と呼ばれた。だが、彼は「天才」というイメージを守るために努力していないように見せかけ、人の見ていないところで猛練習をしていた。だから、ひのき舞台で世界の強豪を破って栄冠を手にすることができたのだ。

努力を惜しんで短期間で成功しようと思わないこと。それは芸能やスポーツだけでなく、どの分野にもあてはまる。地道な努力を積み重ね、実力をつけて初めて成功するのだ。

世界的なオペラ歌手ベバリー・シルズは**「価値のあることをなしとげるための近道は存在しない」**と言っている。

むしろ近道が見つかったら要注意だ。それは幻想である可能性がきわめて高い。

07

迷ったら単純なほうを選ぶ

イギリスの哲学者ウィリアム・オッカムは「無用な複雑化を避け、最も単純な理論を採用するべきだ」という原則を打ち立てた。「オッカムのかみそり」と呼ばれる原則である。

発明家トーマス・エジソンは、この原則を理解し実践していた。技術者を選考したときの有名なエピソードを紹介しよう。

エジソンは研究所に応募してきた技術者に不規則な形状の容器を渡し、その体積を求めるよう指示した。技術者が微積分を使って綿密な計算をし、時間をかけて答えを導きだしたのに対し、エジソンは容器に水を満たし、その水を計量カップに注いで即座に正解を導きだした。その様子を見ていた技術者は、あっけにとられた。結局、エジソンはその技術者を採用しなかった。

一見、高等数学を駆使するほうが利口そうだが、時間と手間がかかるだけでなく計算が間違っていることもある。それに対し計量カップを使う方法は単純なようだが、より早く正確な答えを導きだせる。

一般に、問題に対してふたつの解決策があるときは、単純なものを選ぶほうが得策である。なぜなら、真理は単純なものの中に隠されていることが多いからだ。

レオナルド・ダ・ヴィンチは「単純さは洗練の極みである」と言っている。

また、アインシュタインはこう語っている。

「科学の基本的原理のほとんどは本質的に単純である。したがって、誰にでも理解できる言葉で表現できなければならない」

08

今すぐスタートを切る

あなたは日ごろ、「そのうちにする」という表現を使っていないだろうか？

たとえば「時間ができたらしよう」「都合がついたらしよう」というのもそうだ。「そのうちという日は当分来ない」ということわざがある。「そのうち」というあいまいな表現を使っているかぎり、思いを実行に移すきっかけがつかめない。その結果、いつまでも実行することができないという意味だ。

ぐずぐずしてはいけない。そんなことでは何もなしとげずに人生が終わってしまう。

先のばしは時間のムダである。

科学者、政治家のベンジャミン・フランクリンは、こう言っている。

「人生を大切にしたいなら、時間をムダにするな。人生は時間から成り立っていることを肝に銘じろ」

また、ドイツの文豪ゲーテは、こんな文章を書いている。

何もせずに今日を過ごす。明日はもっとぐずぐずする。ためらうたびに遅れが生じ、悔やみつつ日々が流れていく。

自分は本気で取り組んでいるのかと自問してみよう。

思いきりのよさには威力と魔法が秘められている。

ひたすら没頭しよう。そうすれば、勢いがつく。

とにかく取りかかろう。そうすれば、その仕事は完成する。

09

完璧な条件がそろうのを待たない

多くの人は新しいことに挑戦するのをひどくいやがる。

なぜか？　怖いからだ。

そしてその恐怖心を正当化するために、さまざまな言い訳をする。

たとえば、こんな調子だ。

「今はその時期ではない」

「それだけの力がない」

「まだ十分なお金がない」

「どうも自信がない」

たしかにどの言い訳も正当性があるように見える。しかし、完璧な条件がそろうのを待っていては、いつまでたっても何も始められない。

チャンスは無限にあるとはいえ、それぞれのチャンスはずっと待っていてくれない。

どんなチャンスも期限付きである。

だから、たいていの場合、早い者勝ちなのだ。いち早く行動を起こしてチャンスをつかんだ人が、成功をおさめる。

その様子をはたで見て悔しがっても、もう遅い。

完璧な人が存在しないのと同様、完璧な条件はおそらくそろわない。だからこそ、与えられた条件を最大限に活用することが大切なのだ。

要するに、今あるところから始めるということである。

10

自己規律に従う

アカデミー作品賞を受賞した名作映画『ロッキー』の主人公は、自己規律の手本と言っても過言ではない。シルベスター・スタローン演じる貧しい青年ロッキーは、自分にきびしい規律を課してトレーニングに励む。

朝、早く起きてジョギングをし、それがすんだら縄跳び、腹筋、背筋、腕立て伏せをする。倉庫の片隅でサンドバッグを使って何時間も猛練習をする。来る日も来る日も黙々とそれをつづける。

だが、ロッキーはくじけない。プロボクシングの世界へビー級チャンピオンになるという夢があるからだ。そして努力の末に、ついにその夢を実現する。

規律とは、夢を実現するためにすべきことをするという意味である。たとえ気分が乗らないときでも、規律に従う習慣をつけることが大切なのだ。

本来、人間は未熟で粗けずりな存在だ。いわばダイヤの原石である。だから、自分を磨くためには、つねに自分を律することが必要だ。怠け心を起こして妥協してはいけない。どの分野であれ、夢を実現し業績をあげた人はみな、きびしい規律に従って生きてきた人たちなのだ。

だが、ここで疑問がわくかもしれない。そこまでする価値があるのか、と。

その問いに対し、自己啓発の講演家として著名なジム・ローンは、こう答えている。

「すべての人は、ふたつの苦しみのどちらかに耐えなければならない。すなわち、自己規律の苦しみか後悔の苦しみである。その違いは、自己規律の苦しみは数グラムの重さしかないが、後悔の苦しみは数トンの重さがあるということだ」

11

成果が出るまでじっくり待つ

以前、著者の事情で『ハリー・ポッター』シリーズ最新刊の発売が延期になったときのことだ。アメリカのファンクラブが「早く出さなければ見捨てるぞ」と抗議したことが話題になった。その中には大人も含まれていた。じれったさを感じたファンの他愛ない振る舞いだと言ってしまえばそれまでだが、そこには重大な教訓が秘められている。

それは、じっくり時間をかけなければ、価値のあることはなしとげられないということだ。性急に結果を出そうとするのではなく、じっと腰を落ち着けて取り組むことが大切なのだ。小説の出来を待ちきれずに抗議行動を起こした人たちは、それが理解できていなかった。

豊かな収穫を得ようとするなら、まず、畑を耕し、肥料をやり、種をまき、水をやり、発芽させ、日光を当てて育てなければならない。このプロセスは相当な時間を要するが、地道な努力が実る日は必ず来る。

科学者、政治家のベンジャミン・フランクリンは「辛抱強い人は、すべてを手に入れることができる」と言い、思想家のラルフ・ウォルド・エマーソンは「辛抱強さと不屈の精神は、すべてを乗り越えることができる」と言っている。

どちらも簡潔だが、非常に含蓄のある言葉だ。

12

うまくいっても初心を忘れない

起業し、汗水たらして働き、やっとの思いで成功したのに、その地位から転落する経営者が後を絶たない。いったいなぜだろうか?

表面的にはさまざまな原因が複合しているように見えるが、根本の原因は単純明快。初心を忘れて傲慢になってしまうからだ。

事業を始めた当初は、「世の中のためになろう」「人びとに尽くそう」という崇高な理念を持っていたはずである。だからこそ、支持者が現れ、出資や取引をしてくれたのだ。しかし、業績が順調に伸びはじめると、「自分一人の力で成功した」と勘違いし、傲慢さゆえに人びとを遠ざけて孤立無援の状態に陥る。周囲の人が裏切ったのではない。本人が周囲の人を裏切ったのである。

実業家のデイビッド・パッカードは、自宅のガレージで創業したヒューレット・パッカード社を世界有数のＩＴ企業に育てあげてからも初心を忘れなかった。独裁を嫌って従業員に権限を与え、一人ひとりの創造性を引きだすのが一貫した経営方針だった。成功してからも、「会社が発展したのは従業員の功績だ」と主張した。大勢の人びとから敬愛された理由は、ひとえにその謙虚な人柄にある。

一時的に成功したあとで地位や立場を失う人たちを観察すると、傲慢さが見え隠れする。世間を見下した言動や派手なライフスタイルは、その表れである。崇高な理念を捨てて自分の利益を追い求めるようになると、転落は時間の問題だ。

少しでも傲慢な態度をとっている自分に気づいたら初心に立ち返ろう。つねに軌道修正をし、謙虚さを忘れないことが大切だ。

孔子は「三省の教え」として、**「一日に三度、自分の言動を振り返ってわが身を反省せよ」**と説いている。

第二章

人とうまくやっていく

13

与えることを心がける

「キャッチャーミットを持って世間を渡ろうとするな」という格言がある。野球のキャッチャーはいつもじっと座ってミットを前に出し、「ここにボールをください」というポーズをする。

つまり、**何も与えずに、もらうことばかり考えてはいけないという意味だ。**

多くの人はキャッチャーミットを持って世間を渡ろうとしている。社会に貢献しようとせずに、社会の恩恵に浴することばかり考えているからだ。だが、それはあまりにも自己中心的な態度と言わざるをえない。

私たちは幼いころに周囲の人から身の回りの世話をしてもらった。わがままを言ってもらえる環境で育ったために、自分が世界の中心であるかのような人生観を持つようになったのだ。問題は、大人になってからもそういう人生観から完全に抜けきれていないことである。

自己中心的な考え方をやめることは、人生最大の試練であると言っても過言ではない。その試練を乗り越えてこそ、人生の本当の喜びを経験することができる。

かつて、ジョン・F・ケネディ大統領は「社会に何をしてもらえるかよりも、自分が社会に何をすることができるかを考えてほしい」と国民に呼びかけた。

まさにそのとおりだ。

どうすれば社会に貢献できるかを考えよう。

とはいえ、いきなり大きな仕事に取りかかる必要はない。小さなことをコツコツと積み重ねればいいのだ。仕事でもプライベートでも、笑顔、優しい言葉、親切な行為を心がけよう。その積み重ねが大きな社会貢献へとつながるのだ。

14

あらゆる人に親切にする

ユーモア作家のデーブ・バリーが、こんなことを言っている。

「あなたには親切にしてくれても、レストランの給仕係には不親切な人は、本質的には親切な人ではない。私はそれに気づくのに五十年もかかった」

相手によって親切にしたりしなかったりする人は、本当に親切な人ではない。本当に親切な人は誰に対しても親切にするものだ。

利害関係のある人には親切にするが、そうでない人には冷たくあしらうような人には要注意だ。そういう人は裏表があり、状況によって簡単に人を裏切るおそれがある。

親切な人は誠実であり、謙虚であり、人に対する優しさと思いやりであふれている。親切がムダになることは決してない。

宇宙の法則では、たとえ相手になんの影響もおよばさなくても、親切にした人自身が得をするようになっている。

だから、結果や見返りを求めずに、ひたすら親切な行為を心がけよう。

詩人のワーズワースは、こう言っている。

「親切な思いは根であり、親切な言葉は花であり、親切な行為は果実である。自分の庭を大切にしよう。雑草を抜いて、親切な思い、親切な言葉、親切な行為で庭を満たそう」

ノーベル平和賞を受賞したチベット仏教の最高指導者ダライ・ラマ十四世は、こんなふうに語っている。

「私の宗教は単純である。寺院も難解な哲学も必要ない。脳と心が寺院であり、親切が哲学なのだ」

15

敵を愛する

キリスト教では「敵を愛せ」と説いているが、ビジネスの世界でもそれは大切な精神である。

多くの人は競争相手を忌み嫌っているが、それはあまり好ましい態度ではない。もし競争相手がいなくなったらどうなるか想像してみよう。あなたの会社はたちまち業界で独占的な地位を占めるようになるが、やがて従業員は向上心を失って怠け者になる。その結果、製品やサービスの質は劣化し、人びとの信頼はそこなわれる。

そこにもし突然、手ごわい競争相手が現れたら、いったいどうなるか？　人間はいったん怠け癖がつくと向上心を取り戻すのに時間がかかる。あなたの会社は競争に打ち勝つだけの力がなく、あえなく戦いに敗れるだろう。

約半世紀前、ドイツの小さな村で靴の製造販売をしていた兄弟がいた。だが、兄ルドルフと弟アドルフ・ダスラーは、方針の違いから解散して別々の会社をつくった。二人は仲たがいしたものの、おたがいをよきライバルとみなして切磋琢磨し、ポジティブなエネルギーを仕事に傾けた。その結果、プーマとアディダスはともに世界的なスポーツメーカーにまで成長したのである。

競争相手の存在は恐れることではなく歓迎すべきことである。競争相手がいるからこそ、意欲を燃やし、向上心を持って仕事に取り組むことができるからだ。

競争がなければ堕落する。競争があるからこそ、創意工夫へのモチベーションが上がる。改善を重ねて高品質の製品やサービスを提供し、人びとに奉仕して社会の役に立つことが、人間として最も大きな喜びのひとつである。

その原動力となるのが、「敵を愛する」という精神なのだ。

16

相手の気持ちや立場を優先する

アメリカのリーダーシップ論の第一人者ジョン・マクスウェルは、人間関係を円満にする秘訣としてこんな考え方を説いている。

1 最も重要でない存在は「私」
2 最も重要な存在は「私たち」
3 最も重要な言葉は「ありがとう」
4 最も重要な心がけは「すべてを水に流す」
5 最も重要な問いかけは「あなたの意見は？」
6 最も重要な励ましは「あなたはよくやった」

7 最も重要な働きかけは「あなたをもっとよく理解したい」

単純な秘訣のようだが、あなたは日ごろどれだけ実践できているだろうか？

私たちは自分のことばかり考えて相手の気持ちや立場を軽視する傾向があるが、それは致命的な間違いだ。そんなことでは人間関係を円満にすることはできない。たとえ相手が言うことを聞いてくれても、本意ではないために反感を買うおそれすらある。

人間関係を円満にするために難解な理論はいっさい不要だ。ここに掲げた七つの項目を肝に銘じておけば、必ずうまくやっていける。

17

相手の自尊心を高める

ベンジャミン・ディズレーリはユダヤ系としてイギリスの首相になった唯一の人物である。十九世紀後半、保守党の党首として自由党のウィリアム・グラッドストンと熾烈な政権争いを繰り広げ、二大政党制を確立してイギリス議会政治の黄金時代を築きあげたことで有名だ。

この二人の偉大な政治家について興味深いエピソードが残っている。ある貴婦人がグラッドストンと話をしたところ、イギリスで最も素晴らしい人物と出会った気がしたという。それに対しディズレーリと話をしたところ、自分がイギリスで最も素晴らしい人物になった気がしたというのだ。

ディズレーリは相手の自尊心を高める達人だったのである。ユダヤ人差別が激しかった当時のイギリスで、ディズレーリが民衆の支持を取りつけて一国の指導者になった要因は、誠実な人柄と巧みな人心掌握術にあった。

多くの人は地位や名誉、学歴、財産、年齢に関係なく、自尊心の欠乏に苦しんでいる。だから、自尊心を高めるのを手伝えば好意を寄せて協力してくれる。

「姑息なやり方だ」と言う人もいるかもしれないが、それは違う。

誠実な気持ちで相手の自尊心を高めることは、いつでもどこでも無償でできる親切な行為なのだ。

あなたは日ごろ職場や家庭、その他の場所で相手の自尊心を高める努力をしているだろうか？　次の言葉を心にとどめておこう。

けなされたら、あなたのことが嫌いになる。
ほめられたら、あなたのことが好きになる。
好きな人のためなら、なんでもしたくなる。

18

肉親を許す

博愛主義とは、地球上のすべての人を平等に愛することだ。平和な世界の実現を望むなら、博愛主義に一歩でも近づけるよう日ごろ心がけなければならない。それにはまず、親や兄弟などの肉親への愛から始める必要がある。肉親を愛することすらできないのなら、博愛主義は足元から崩れてしまう。

もし肉親となんらかの事情で仲たがいをしているなら、「私はあなたを許します」と相手に伝えよう。電話やメール、はがき、手紙、面会など、どんな手段でもいい。

とにかく言葉で自分の真心を丁寧に伝えることだ。いくら心の中で思っていても、言葉で表現しないかぎり相手には絶対に伝わらない。

世の中には、肉親と仲たがいをして苦しい思いをしている人が大勢いる。とくに、子どものころに受けた仕打ちを恨んでいるケースが非常に多い。しかし、親を例にとってみても、その当時は今のあなたより若くて未熟だった可能性が十分にある。親といえども人間である以上、間違いを犯すものだ。かっとなって、あなたをやみくもに叱りつけたのかもしれない。

相手が生きているうちに、広い心で許そう。そうすれば、おたがいに気分よく残りの人生を生きることができるし、精神的、経済的な支援が必要なときには惜しみなく与えあうことができる。

アメリカ有数の経営コンサルタント、ブライアン・トレーシーは、こう言っている。

「肉親を恨むエネルギーを解消し、それをポジティブな方向に転換すれば成功への大きな推進力になる」

19

他人を許し、その幸せを願う

どんなに豊かで、さまざまな恩恵を受けることができる国に暮らしていようとも、人びとの争いが絶えない原因はなんだろうか？　職場や学校、店内、路上など、あらゆる場所でもめごとが発生し、訴訟が日常化しているのは決して健全なことではない。

アメリカの著名な牧師ジェームズ・ムニハン師は、こう指摘している。

「現代社会を蝕《むしば》んでいる最大の病弊は、人を許す能力の欠如である。人びとは誰かに不当な扱いを受けると、それをずっと根に持って復讐の機会をうかがっているのが現状だ。しかし、そういう姿勢は精神的な未熟さのなせるわざである」

言いかえれば、ほとんどの場合、人を許すことができないのは、本当の意味で成熟していない証しなのだ。

どんな仕事であれ、独力で成功することは絶対にできない。成功の秘訣の中で不可欠なのは、人とうまくやっていくことである。人を許さない人は、この真理をまだ学んでいないし、たいていの場合、成功していない。

人を許すための画期的な方法を紹介しよう。

1　相手の幸せを願う習慣をつける。「私はあの人を許し、あの人の幸せを願う」と唱えよう。ポジティブな言葉は心に平和をもたらす。

2　相手の長所を見つける。人はみな、長所を持っている。相手の長所を見つけたら、それに意識を向けよう。敵意は自然に消える。

3　相手を許すことを本人に伝える。自分を傷つけた人を許せば、自分の寛大さに誇りを持つことができる。しかも、相手の尊敬を得ることができる。

20

人間関係のたなおろしをする

二〇〇七年七月、ハーバード大学とカリフォルニア大学の共同研究チームが「周囲に肥満者がいる人ほど肥満しやすい」と発表して世間に衝撃を与えた。具体的には、肥満者とつきあっていると自分も肥満する確率が五七パーセント増加するというのだ。その要因として、肥満への抵抗感がなくなることをあげている。

肥満者を差別するつもりはまったくないが、要はこういうことだ。この研究が指摘しているのは、周囲の人の影響が肉体面に顕著に現れるという事実である。

しかし、もっと重大なのは、周囲の人の影響が知らず知らずのうちに精神面にもおよぶという事実だ。

つきあっている相手がポジティブで親切で思いやりとユーモアがあり、人間的な成長をめざすタイプの人なら、あなたはよい影響を受ける。

それに対し、ネガティブで不親切で思いやりとユーモアに欠け、人間的な成長をめざさない人とつきあうなら、あなたはあまりよい影響を受けない。その人といっしょにいると、たえずあら探しをされて精神的に不安定になり、自虐的になったり自己弁護をしたりするようになるからだ。

その結果、向上心をなくし、ストレスがたまって不平と不満のかたまりになりやすい。最善を尽くす意欲を喪失し、せっかくの才能を発揮することができなくなる。つまるところ、ネガティブな人といると、ネガティブであることに抵抗感がなくなるのだ。

どういう人間関係を選ぶかは、あなたしだいである。**仕事と人生の充実を求めるなら、ネガティブな人間関係を避け、ポジティブな人間関係を選ぶべきだ。**

21

ネガティブな人を避ける

ポジティブな人とつきあえば、よい影響を受け、ネガティブな人とつきあえば悪い影響を受ける。仕事と人生の充実をはかるためには、自分の人間関係を整理する必要がある。

では、どんなタイプの人を避けるべきだろうか？

1 うそをついたり約束を破ったりする不誠実な人

2 他人のあら探しをして悪口を言う邪悪な人

3 口が軽くて他人の秘密を漏らす軽薄な人

4 自分は何もせずに要求ばかりする利己的な人

5　とかく悲観的な見方をする暗い人

6　傲慢で相手の気持ちを無視する独善的な人

7　性格や態度に裏表がある卑劣な人

8　嫉妬深くて意地の悪い陰険な人

9　怒りっぽくて復讐心に燃えている執念深い人

10　自分が間違っていても意見を変えない頑固な人

以上の項目のどれかに該当する人とは距離を置くか、できることならつきあいをやめたほうがいい。そういう人とつきあっていると、今は仲がよくても、将来、あなたになんらかの形で被害がおよぶ可能性がきわめて高い。

また、あなた自身も以上の項目のどれかに該当していないかどうかを自問しよう。少しでも心当たりがあるなら謙虚に反省しなければならない。

22

ポジティブな人とつきあう

前項とは逆に、どんな人とつきあえば、仕事と人生が充実するだろうか？
必要条件をリストアップしてみよう。

1 約束を守る誠実な人

2 他人をほめる温かい人

3 他人の秘密を守る慎重な人

4 もらうことより与えることを優先する利他的な人

5 いつも楽観的な見方をする明るい人

6 相手の気持ちを大切にする優しい人

7　性格や態度に裏表のない正直な人
8　他人の幸せを喜ぶ寛大な人
9　自分の感情をコントロールできる冷静な人
10　自分が間違っていれば素直に反省する謙虚な人

誰でもこんな人とつきあいたいと思うはずだ。

しかし、そのためには、まず自分がそういう人になる努力をする必要がある。

「類は友を呼ぶ」ということわざのとおり、私たちは自分と同じタイプの人を引き寄せるからだ。

23

敵をつくらない

友人はできては消えるが、敵は消えずに増えていく。これは人間関係における最大の法則のひとつだ。

敵をつくらない方法をリストアップしよう。

1　人の悪口を言わない。どこで悪口を言おうとも、結局、それは本人の耳に入るものだ。あなたに悪口を言われた人は、あなたを裏表のある人間とみなして反感を抱き、なんらかの形で復讐するおそれがある。

2　相手を侮辱しない。相手の身体的、能力的な欠点をあげつらってはいけない。相手はそれを不快に思って、将来、あなたへの協力をいっさい拒否するだろう。

3　自分の主張を押し通さない。たとえ自分が正しいと思っても、あえて相手に勝ちをゆずるほうがいい場合もある。相手の立場や面子を尊重することは、人間関係を維持するうえできわめて重要な配慮だ。

4　傲慢な態度をとらない。世界中の人が最も嫌うのが傲慢な態度である。あなたは傲慢な人が好きだろうか？　そんなことはないはずだ。いつでも、どこでも、誰にでも、謙虚な姿勢をつらぬこう。大人物ほどそれができる。

5　強弁しない。自分に非があるなら、素直にそれを認めて謝罪しよう。謝罪すると訴えられると思っている人が多いが、それは逆だ。謝罪しないから訴えられるのである。誠意を持って謝罪すれば、きっと相手は許してくれる。

仕事でも私生活でも敵をつくらず、味方を増やそう。敵はあなたの足を引っぱろうとするが、味方はあなたに協力して成功の手助けをしてくれる。

郵便はがき

料金受取人払郵便

麹町局承認

2968

差出有効期間
平成30年8月9日
（切手不要）

102-8790

232

東京都千代田区平河町２－１６－１
平河町森タワー１１F

Discover
ディスカヴァー 行

お買い求めいただいた書籍に関連するディスカヴァーの本

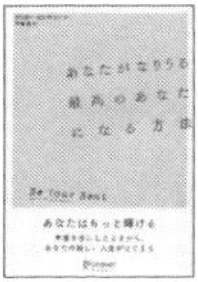

あなたがなりうる最高のあなたになる方法
ジェリー・ミンチントン　1400円（税別）
あなたの人生は、あなたがしてきた無数の選択の結果です。もし、人生の方向性に少しでも疑問を感じるなら、今日から新しい選択をしよう。それが、新しい人生を築く出発点となります。

明日がちょっと幸せになるお地蔵さまの言葉
吉田さらさ　1300円（税別）
生きていること、それ自体が奇跡です。人生で迷いが生じたとき、背中を押してほしいとき、道ばたにひっそりとたたずむお地蔵さまのことばがあなたの明日を導いてくれます。

運動指導者が断言！ダイエットは運動1割、食事9割
森拓郎　1300円（税別）
運動すればするほど食欲が高まる・有酸素運動だけではヤセられない・フィットネスクラブで逆に太る!?－「高N/Cレートダイエット」で成功者続出! 15万部突破のベストセラー。

ニューヨークの人気スタイリストが教える似合う服がわかれば人生が変わる
ジョージ・ブレシア　1500円（税別）
どんな人生を送りたい？どんな女性と思われたい？あなたの魅力を引き出す服で、最高の人生を送るコツ。一生モノの厳選22アイテムガイド付き。大好評５刷。

ディスカヴァー会員募集中

特典
- 会員限定セールのご案内
- イベント優先申込み
- サイト限定アイテムの購入
- お得で役立つ情報満載の会員限定メルマガ「Discover Pick Up」

詳しくはウェブサイトから!
http://www.d21.co.jp
ツイッター @discover21
Facebook公式ページ
https://www.facebook.com/Discover21

イベント情報を知りたい方は
裏面にメールアドレスをお書きください。

1974　希望と幸福に満ちた人生の扉をひらく50の法則　愛読者カード

◆ 本書をお求めいただきありがとうございます。ご返信いただいた方の中から、抽選で毎月５名様に**オリジナル賞品をプレゼント！**
◆ **メールアドレスをご記入いただいた方には、**新刊情報やイベント情報のメールマガジンをお届けいたします。

フリガナ お名前	男 女	西暦　　年　月　日生　歳
E-mail　　　　@		
ご住所　（〒　　－　　） 都道府県　　市区郡 電話　　（　　）		
ご職業　1 会社員　2 公務員　3 自営業　4 経営者 5 専業主婦・主夫 6 学生（小・中・高・大・その他）7 パート・アルバイト　8 その他（　　）		
本書をどこで購入されましたか？　書店名：		
本書についてのご意見・ご感想をおきかせください ご意見ご感想は小社のWebサイトからも送信いただけます。http://www.d21.co.jp/contact/personal ご感想を匿名で広告等に掲載させていただくことがございます。ご了承ください。 なお、いただいた情報が上記の小社の目的以外に使用されることはありません。		

このハガキで小社の書籍をご注文いただけます。
・**個人の方：**ご注文頂いた書籍は、ブックサービス（株）より２週間前後でお届けいたします。
代金は**「税込価格＋手数料」**をお届けの際にお支払いください。
（手数料は、税込価格が合計で１５００円未満の場合は５３０円、以上の場合は２３０円です）
・**法人の方：**30冊以上で特別割引をご用意しております。お電話でお問い合わせください。

◇**ご注文**はこちらにお願いします◇

ご注文の書籍名	本体価格	冊数

電話：03-3237-8321　FAX：03-3237-8323　URL： http://www.d21.co.jp

第三章

幸せに働く

24

仕事をして幸せを感じる

人が遊んでいるときに自分だけ仕事をしなければならないのは不幸だ、と思っている人はかなり多い。だが、それは思い違いと言わざるをえない。

たしかに過労のために心身が適切に機能しないという事態は問題である。しかし、そうでないかぎり、仕事は幸せの源泉でなければならない。

仕事をして不幸を感じるなら、その仕事はあなたには向いていないか、心の持ち方が間違っているか、どちらかである。

林語堂（リン・ユータン）というアメリカ在住の中国の学者が、こんなことを言っている。

「あまりにも多くの不幸が神経性のものだと私には思える。そしてそれは、することがないか、することがあってもうまくできていない結果なのだ。世の中で最も不幸なのは、したいことが見つからない人である。本当の幸せは、自分の仕事をしっかりしたあとで休養をとってリフレッシュする人のもとに訪れる」

人が遊んでいるときに仕事をしている自分は不幸だと思っているかぎり、いい仕事はできないし、ましてや成功をおさめることはできない。いやな仕事をさせられているという心理は被害者意識を生み、向上心や勤労意欲はわいてこないからだ。

人が遊んでいるときでも自分は仕事をすることができて幸せだと思えるような仕事を選ぶか、心の持ち方を変えて現在の仕事に打ち込むか、ふたつにひとつだ。

あなたはどちらを選ぶだろうか？

25

仕事を楽しむ

晩年、発明王トーマス・エジソンは「私は一日も労働をしたことがない。それはすべて道楽だったからだ」と語った。

この言葉は何を意味しているのだろうか？

一流の企業家はみな、仕事をこよなく愛している。毎日、仕事が楽しく、生計を立てることより、創造性を発揮することを重視している。だから新機軸を次々と打ちだし、着実に業績をあげる。

それに対し、仕事を嫌う人たちもいる。毎日、仕事が苦痛でしかたないが、生活のためにいやいや働いているのが実情だ。だから生産性が上がらず、仕事が終わると憂さ晴らしにやけ酒を飲み、何時間もテレビを見て過ごす。

どの職業でも、仕事を愛している人と嫌っている人がいる。仕事を愛している人は、働くことが楽しくてしかたないから、多忙をきわめても疲れを感じない。それに対し仕事を嫌っている人は、少し働いただけでも疲れを感じる。

しかし、両者の差はそれだけではない。カーネギー製鋼の社長として名高いチャールズ・シュワッブは、こう言っている。

「仕事を愛さずにお金のためだけに働いている人は、結局、なかなかお金を儲けることができず、人生の喜びを見つけることもできない」

結局、仕事を愛する方法はふたつしかない。今の仕事を愛するか、愛することを仕事にするか、である。

いずれにせよ、仕事を愛すると業績がおのずとあがって人生が楽しくなる。愛する仕事のためなら手抜きをせず、人びとから賞賛される出来ばえに仕上げるからだ。

26

まず「やります」と言う

企業を成長させるためには、そこで働く従業員が成長する必要がある。どの部門でも従業員が成長しなければ会社は成長しない。

従業員が成長するためには、つねに目標を高く設定する必要がある。目標を低く設定すると簡単に達成できて、そこで進歩が止まるからだ。したがって、目標はかなりの努力をしないと達成できないくらい高いレベルに設定するべきだ。

しかし、それほど高い目標を設定すると、必ず誰かが「それはムリです」「できません」と反論する。いっそ、このふたつの言葉は禁句にしたほうがいい。なぜか？　人間は基本的に怠惰な生き物だからだ。

一般に、怠惰な人ほど、ムリな理由、できない理由を並べたがる。しかし、それらはすべて言い訳にすぎない。そんな言い訳を思いつくだけの創造性があるのなら、その創造性をもっと有効に利用すべきではないだろうか。

人間は努力しだいで怠惰な性癖を克服することができる。自制心を持って自らの甘えを根絶すれば、どんな怠け者でも働き者に変身する。

まず、日ごろ使っている言葉を変えよう。「それはムリです」「できません」ではなく、「やります」「必ずできます」と宣言し、自分にもそう言い聞かせるのだ。

不思議なもので、実際にやってみると、最初は「ムリだ」「できない」と思ったことでも、知恵を絞って創意工夫をするうちにできるようになるものだ。

万一できなかったら、どうすればいいか？　答えは簡単。できるまで挑戦をつづければいい。かのエジソンも「成功の秘訣とは、成功するまで挑戦をつづけることだ」と言っている。

27

目標を細分化する

大きな目標を掲げることは非常に有意義だが、かといって目標があまりにも大きいと圧倒されて意欲を喪失してしまいやすい。

では、そんなときはどうすればいいか？

目標（ゴール）を細分化して途中の目標（ミニゴール）をいくつかつくり、そのひとつひとつを達成するたびに自分に報酬を与えるようにしよう。

それはちょうどマラソンで選手が中継地点に到着するたびにコップを手にとって水分を補給するのと似ている。実際、一流のマラソン選手は途中であきらめそうになったとき、「とにかく次の中継地点までがんばろう」と自分に言い聞かせながら四十二・一九五キロを完走するという。

仕事で大きなプロジェクトに取りかかるときは、それを細分化してミニゴールをいくつかつくろう。その一つひとつを苦労して達成するたびにお菓子を食べたりお茶を飲んだりして自分に報酬を与え、ミニゴールの達成を祝うと効果的だ。職場の同僚と共同作業をする際は、全員で祝うことによって達成感と一体感を経験することができる。ただし、ミニゴールが達成できないうちは、なんの報酬も受け取ることができないよう自分を律することが大切だ。

このように報酬や罰則によって自発的行動を強化する手法は行動心理学では「オペラント条件づけ」と呼ばれ、人間でも動物でも大きな効果があることがわかっている。

大きな目標に取りかかる意欲がわいてこないときは、オペラント条件づけを応用しよう。先のばしはやっかいなクセのように思われがちだが、課題を細分化してミニゴールを達成するたびに自分に報酬を与えるようにすれば容易に克服することができる。

28

給料以上の仕事をする

勤務態度とは、どうあるべきか？　二人の営業部員を例にとって考えてみよう。

毎朝、トムは始業時間の一時間前に出社し、重要なメールのチェックをし、返事が必要なものはすぐに返事をする。その結果、相手の信頼を得ることができる。そしてその日の仕事の段取りをつける。

一方、ジャックは始業時間ぎりぎりに出社し、重要なメールのチェックをするが、返事をする余裕がない。その結果、相手の信頼をそこなってしまう。そしてその日の仕事の段取りをつけずにぶっつけ本番で仕事を始める。

トムは取引先と打ち合わせをし、次々と契約をとって業績をあげる。一方、ジャックは取引先とうまくいかず、なかなか業績をあげることができない。

数年後、トムは業績を認められて営業部長に昇進した。一方、ジャックはいっこうに業績があがらずにリストラの危機にさらされている。

二人の違いはどこにあるのだろうか？

最大の違いは、仕事への熱意である。トムは「給料以上の仕事をする」という熱意を持っているのに対し、ジャックは「給料さえもらえればいい」という消極的な姿勢で仕事をしている。始業時間ぎりぎりに出社するのは、その表れだ。

「誰も認めてくれない」と文句を言う人は、自分の平素の勤務態度に問題がないか謙虚に反省しよう。

トムの口ぐせは「余裕を持って仕事をする」だが、ジャックの口ぐせは「バタバタしている」である。バタバタしているというのは仕事に翻弄されているということだから、そんな人にいい仕事ができるはずがない。

給料以上の仕事をすることを信条にしよう。その熱意あふれる姿勢は周囲の信頼を勝ち取り、業績となって結実する。

29

小さな仕事に全力を尽くす

多くの人は小さな仕事を軽視し、大きな仕事にだけ本気で取り組む傾向がある。しかし、それは正しい姿勢ではない。小さな仕事に全力を尽くさない者が、大きな仕事に全力を尽くせるはずがないからだ。

プロスポーツを例にとって考えれば明らかである。練習で手を抜く選手が本番でいいプレーをすることはない。練習で出している以上の力を本番で発揮することはできないからだ。それに対し、本番でいいプレーをする選手は練習でもつねに全力で取り組む。頭角を現す選手は日ごろの心構えが違うのである。

ビジネスの現場でも同じことが言える。小さな仕事だと思っていいかげんな仕事をする人は、大きな仕事が回ってきたときに全力を発揮することができない。手を抜く癖がついているので、肝心のときに力の入れどころがわからないのだ。(とはいえ、そこまで心配する必要はないかもしれない。日ごろ手抜きをしている人は周囲の人から信頼されないので、大きな仕事をめったに任されないからだ。)

未熟なうちは自分の力を過大評価し、小さな仕事すら満足にできないのに大きな仕事をしたがる気持ちが強い。だが、そのような態度は本末転倒だ。『人を動かす』『道は開ける』などベストセラーの著者デール・カーネギーが、こんなアドバイスをしている。

「小さな仕事のように思えることに全力を尽くそう。それを乗り越えるたびに、あなたはそれだけ強くなる。小さなことがうまくできれば、大きなことはおのずとできるようになる」

30

誰とでも力を合わせて働く

無一文から巨万の富を築いた鉄鋼王アンドリュー・カーネギーが、インタビューの中でこんなことを言っている。

「責任のある地位を任せられる人材を探すとき、私が最初に求める資質はポジティブで人当たりがいいことです。最も重要な資質は仕事の能力ではないかと反論する人もいるかもしれませんが、そうではありません。

いくら仕事の能力が高くても、ネガティブな人は職場での和を乱し、組織を空中分解させるほどの悪影響をおよぼします。ですから、有能な経営者はこんな人材を相手にしたがりません。

私が最初に求めるのは、正しい心の持ち方です。それさえあれば、たいていの人は向上心がありますから、仕事の能力はあとから身につけることができます」

カーネギーは、のちにカーネギー製鋼の社長となるチャールズ・シュワッブを雇ったときのことをこう話している。

「彼が私の会社で働きはじめたとき、他の社員と比べても平凡で、とくになんの能力もないように見えました。しかし、彼は意志が強く、人柄もよかったので、どの階層の人たちとも分けへだてなくつきあうことができたのです」

その後、カーネギーはシュワッブに百万ドルという当時としては破格のボーナスを支給した。その理由は「他の労働者たちの情熱をかきたてる能力を持っていたから」だった。

ネガティブな資質が負債になるのに対し、ポジティブな性格は財産になる。ポジティブな性格であれば、どんな能力も身につけることができ、誰とでも力を合わせて働くことができるからだ。

31

チームの利益を優先する

組織が目標を達成するうえで不可欠な要素のひとつは、チームワークである。チームワークがなければ、いかなる組織も最大限に機能しない。ビジネスであれスポーツであれ、それは同じことである。

多くの人は組織のために自分を犠牲にすると、自分の目標が達成できなくなると思っているようだ。しかし、それは大変な思い違いだ。

チームの一人が栄光を求めて個人プレーに走っても、たいした業績をあげることはできない。それどころか、チームがばらばらになってしまい、惨憺《さんたん》たる結果を招きやすい。だから、もし栄光を求めるなら、自分を抑えてチームの利益を優先するほうが得策なのだ。チームが一丸となって勝利をめざすというのは、そういうことである。

史上最高のバスケットボール選手と賞賛され、シカゴ・ブルズをＮＢＡ（全米プロバスケットボールリーグ）で六度の優勝に導いたスーパースター、マイケル・ジョーダンが、著書の中でじつに興味深い指摘をしている。

「どんなスポーツでも、スター選手を集めたにもかかわらず、ひとつもタイトルを獲得できないチームはいくらでも存在する。たいていの場合、その選手たちはチームの利益のために自分を犠牲にするのがいやなのだ。

おかしなもので、自分を犠牲にするのをいやがっていると、個人の目標を達成することがますます難しくなる。私が百パーセント確信しているのは、**チームの目標を達成することに集中すれば、個人タイトルはおのずから獲得できるということだ。**要するに、才能があれば試合に勝てるが、チームワークと知性があれば優勝できるということである」

32

ことあるごとに相手をほめる

人はみな、自分一人で物事をなしとげることはできない。ところが、私たちはともすると自分のことばかり考えて、他の人の存在価値を無視しがちだ。

多くの人は会社を辞めるとき、収入や勤務時間などの労働条件を理由にあげるが、たいていの場合、本音は別のところにある。職場で顧客や上司に自分の存在価値を認めてもらえないことを不満に思っているのだ。

人はみな、口には出さなくても、自分の存在価値を実感させてほしいと願っている。それは人間の根源的な欲求なのだ。

人といっしょに働くときは、そのことをよく覚えておく必要がある。

では、相手の存在価値を認めるにはどうすればいいのだろうか？　ふたつの方法がある。

1　相手が業績をあげるたびに、それを口頭か文書で賞賛する。
2　相手が業績をあげる前に、相手への期待を口頭か文書で表現する。

けなすことは創造性を必要としないネガティブな行為だが、ほめることは創造性を必要とするポジティブな行為である。

この技術を身につければ、双方が恩恵を受けることができる。相手はますますやる気を出し、あなたは相手の支持と協力を得ることができるからだ。

33

埋もれた才能を見いだす

人をほめることの大切さを力説すると、「ほめようにも、ほめるところがない場合はどうすればいいのか？」と反論する人がいる。

そんなときは想像力を発揮すればいい。

相手の潜在能力を見抜いて、その人が秘めている可能性をほめるのだ。

今はそうではなくても、そうなりうる相手の姿を描写することは、豊かな想像力を必要とする。

たとえば、「あなたは仕事が遅くて雑だ」と言ったところで相手は反感を抱くだけだ。それに対し、「あなたは仕事が速くて丁寧にする能力を持っているが、まだそれを発揮していない」と言えば、相手は自分の潜在能力にめざめる。

残念ながら、部下や選手や子どもは自分の才能に気づいていないことが多いのが実情だ。そのままでは永久に才能を埋もれさせてしまうおそれがある。

マーク・トウェインが「毎日、無数の天才が自分の才能を発見することなくこの世を去っている」と言っているとおりだ。

経営者、管理職、政治家、監督、コーチ、教師、親など、リーダーの重要な仕事は、想像力を発揮して相手の中に埋もれている才能に注目し、それを引きだす手助けをすることである。

論語に「君子は人の美を成す」という教えがある。偉人は人の才能を見つけ、それを大成させるという意味だ。人を導き、育てるためには、その人の可能性に気づき、それをほめて才能を発揮させることが不可欠である。

第四章

逆境を乗り越える

34

ピンチのときほど行動する

ピンチに見舞われると絶望し、そのまま自滅してしまう人があまりにも多い。だが、そのときに希望を持ち、チャンスを探し求めることができるかどうかが明暗を分ける。

カーネル・サンダースはケンタッキー州のガソリンスタンドの一角で食堂を営んでいた。幸い、立地条件に恵まれ、味もよかったので店は繁盛していた。ところが、一九五〇年代に入って高速道路が開通し、客足が途絶えたために赤字経営に陥り、ついに店をたたまざるをえなくなった。

六十五歳という年齢を考えれば引退して小額の年金に頼るという選択肢もあっ

た。だが、もう一花咲かせたかった彼は、ワゴン車にフライドチキンを積んで各地を回った。三百回以上も拒絶されたが、絶望することなく営業活動に励んだ。やがてレシピが口コミで評判になり、フランチャイズに加わる店が増えた。これが、ケンタッキー・フライドチキンの始まりである。

カーネル・サンダースは食堂の倒産というピンチに見舞われた。すでに高齢で、資本もなく、協力してくれる従業員もいなかった。有利な条件は何ひとつない状況だったが、彼は道を切り開いて驚異的な成功をおさめた。

その成功の秘訣はレシピだろうか？　そうではない。彼は食堂を営んでいたときから秘伝のレシピを持っていた。**彼の成功の秘訣は、あきらめなかったことである。だからこそ、ピンチにおいても積極的に行動し、実力を発揮する場を獲得できたのだ。**

35

失敗を恐れない

信じられないかもしれないが、**成功者として世界的に知られる人たちは、人生の途中で失敗、屈辱、孤立、嘲笑、破産を経験している。**

アルバート・アインシュタインはスイスのベルン大学から「空想的で見当違いだ」という理由で博士論文を却下された。しかし、くじけずに何年も研究をつづけ、相対性理論を発表してノーベル物理学賞を受賞した。

ヘンリー・フォードは自動車業界に入って最初の数年間で二度の破産を経験した。しかし、苦心の末にガソリン機関の自動車をつくり、大量生産方式によってフォード・モーター社を世界的な自動車メーカーに育てあげた。

チェスター・カールソンは電子複写法の開発に取り組んだが、出資者が現れず、何年間も貧乏にあえいだ。しかしその後、ゼログラフィーという画期的な複写法の開発に成功し、ゼロックス社の基礎をつくった。

チャールズ・グッドイヤーは高温に耐えるゴムをつくることに挑戦したが、いっこうにうまくいかず、人びとから嘲笑され、莫大な借金を抱えるはめになった。しかし数年後、硫黄を混ぜて弾性ゴムをつくる方法を開発し、グッドイヤー社を世界最大のタイヤメーカーに育てあげた。

失敗を恐れず、教訓を学んで挑戦しつづければ必ず成功する。そのことを心に刻んで、どんなに険しくても自分の信じる道を歩みつづけよう。

36

失敗に感謝する

誰だって失敗するのはつらい。

しかし、**何かをして失敗するのは、世の中が「その方法ではうまくいかない」と教えてくれている証しなのだ。**

言いかえれば、失敗したときに感じる心の痛みは、うまくいかない方法を二度と使わないようにさせるための天の配剤なのである。

失敗したときは教訓を学ばなければならない。もし何も学ばないなら、また同じ心の痛みを感じることになる。

では、どうすれば失敗から教訓を学ぶことができるだろうか？

心を開いて素直になればいいのだ。弁解をして失敗から教訓を学ぼうとしない頑迷な態度が一番よくない。

失敗したときは落ち込みやすいが、冷静になって失敗に感謝する姿勢を持つことが大切だ。

「この程度の失敗ですんでよかった。おかげで取り返しのつかない事態を招くのを未然に防止することができた」と考えるようにしよう。

このようなポジティブな態度で臨むなら、失敗を糧にして成長することができるし、周囲からも信頼されて、次の挑戦につなげることができる。

37

常識から離れて考えてみる

大多数の人はピンチに遭遇すると、そこで歩みを止める。それに対し、ごく一部の人は発想の転換によって見事にピンチを切り抜ける。

一九〇三年、シカゴでジェームズ・クラフトという青年がわずか六十五ドルの資本金をもとに荷馬車でチーズの販売を始めた。ところが、チーズはかびが生えやすく、すぐに乾燥するので、売れ残りは廃棄せざるをえなかった。

この問題は数百年も人びとを悩ませてきたが、「チーズとはそういうものだ」という固定観念があり、誰も解決策を思いつかなかった。

また、もうひとつの問題があった。それは、チーズの味と品質にばらつきがあったことである。

クラフトはビニールでチーズを真空パックする方法を考案し、チーズがかびたり乾燥したりする問題を解決した。また、何年も実験を重ね、ついに一定した味と品質を持つチーズの開発に成功した。これがクラフトチーズの始まりである。やがて彼は全米最大のチーズ製造業者となり、一九二〇年代半ばには全世界に輸出するようになった。

食品事業は景気に左右されにくいとはいえ、その後訪れた不況時には他社がどんどん倒産したのに対し、彼の会社（現クラフトフーズ）が急成長した要因は何か？　**それは発想の転換によって世間の常識を打破し、人びとに画期的な製品を提供したことにある。**

38

拒絶されても好きなことをやりぬく

かつて、ミネソタ州にスパーキーと呼ばれていた少年がいた。

少年は中学、高校と勉強はからきしダメで、スポーツも不得意だったが、絵を描くことだけは大好きだった。理髪師だった父親が新聞の漫画を愛好していた影響で、将来は世界的な漫画家になるという夢を持っていた。

高校を卒業後、雑誌社に漫画を投稿しつづけたが、結局、一度も採用されなかった。その後、二年間軍隊で働いたが、戦争が終わると大好きな漫画を描く生活に戻った。そしてまたもや漫画を雑誌社に投稿したが、いっこうに認められなかった。

しかし、一九五〇年、ついに地元の新聞社が彼の才能を見抜き、漫画の連載を始めた。するとたちまち内気な少年とユーモアに富む犬の人気が高まり、とうとう世界的な人気を博すようになった。

もうおわかりだろう。スパーキーと呼ばれていたこの少年こそ、チャーリー・ブラウンとスヌーピーが登場する人気漫画『ピーナッツ』の生みの親チャールズ・シュルツその人なのである。彼は二〇〇〇年まで半世紀にわたってこの漫画を全米の新聞に連載し、大勢の人びとに夢と感動を与えた。

シュルツが大成功をおさめた要因は何だろうか?

それは、**どんなに拒絶されても、自分の好きなことをやりぬいたことだ。**

あなたの好きなことは何だろうか? いくら拒絶されても、本当に好きなことなら乗り越えられるはずだ。

39

ポジティブな言葉で自分に語りかける

人はみな、つねに心の中で自分と対話している。

あなたは日ごろ自分に対してどんな言葉で語りかけているだろうか？

ポジティブな言葉かネガティブな言葉か、どちらだろうか？

業績をあげて成功したいなら、ぜひともポジティブな言葉を使うことを心がけよう。

ネガティブな言葉を使っていると、ネガティブな環境をつくりだし、ネガティブな結果を招きやすい。

それに対しポジティブな言葉を使っていると、ポジティブな環境をつくりだし、ポジティブな結果を招くことができる。

あなたがすべきことは次のふたつだ。

まず、「できない」「できそうにない」「どうせムリに決まっている」「やるだけムダだ」「どうなるか不安だ」というネガティブな言葉を排除しよう。

次に、「できる」「必ずできる」「やってみせる」「必ずうまくいく」「だいじょうぶだ」というポジティブな言葉で自分に語りかけよう。

日ごろ自分に対して語りかけるときに使う言葉の種類と内容が、仕事と人生の成否の鍵を握っている。

あなたはそれを肝に銘じる必要がある。

40

困難に立ち向かい、チャンスに変える

イギリスの歴史家アーノルド・トインビーは、人びとが困難に直面したときの対応を四通りに分類した。

1 過去に逃げる
2 未来の空想にふける
3 誰かが助けてくれるまでじっと待つ
4 困難に立ち向かってピンチをチャンスに変える

過去に逃げても、一時的な心の安らぎしか得ることができない。

未来の空想にふけっても、偽りの希望しか得ることができない。

結局、これらの対応は現実逃避にすぎないのだ。

誰かが助けてくれるまでじっと待っていても、誰も助けに来てくれないかもしれない。たとえ来てくれても、次回も来てくれるとはかぎらない。

大切なのは、勇気を出して困難に立ち向かうことである。

そうすれば、ピンチをチャンスに変えることができる。

41

もうひと押しする

アメリカの思想家ラルフ・ウォルド・エマーソンは、「すべての壁は扉である」という名言を残している。どんなに頑丈そうな壁でも、全力で押しつづければ、いずれその壁は扉となって突破口が開けるという意味だ。

残念ながら、多くの人は壁にぶつかると簡単にあきらめてしまいやすい。あきらめてしまえば、もうそこで終わりだ。絶対に成功しない。

たいていの場合、成功するかどうかの差は紙一重である。言いかえれば、壁にぶち当たったときに、もうひと押しするかどうかの差なのだ。

何かをなしとげようとすると、必ず壁が立ちはだかることをあらかじめ想定しておくといい。逆に言えば、途中で壁が立ちはだからないようなことは、もともとたいしたことではない。

トーマス・エジソンは生涯で千三百件を超える発明をおこなった。信じられないかもしれないが、そのすべてが、何度も壁にぶつかり、そのつど全力でそれをこじあけた結果なのだ。

エジソンは、こう語っている。

「人生で失敗する人のほとんどは、あきらめたときにあともう少しで成功するところまで来ていたことを知らなかった人たちである」

あきらめそうになったときは、つねにもうあと一歩だけ前進することを心がけよう。そうすれば、その壁は扉となって新しい世界が開けてくる。

第五章

豊かに生きる

42

体の健康を保つ

希望と幸福に満ちた人生を送るためには、まずは健康が大切だ。「健全な魂は健全な肉体に宿る」という格言どおり、心だけでなく体の健康を保つ必要がある。

はっきり言おう。「うまくいかないに違いない」とか「どうせ私なんかダメだ」、あるいは「自分は病気になるのではないか」というマイナス思考が健康をそこなう。

人間は心の中でずっと思っている状態を引き寄せる。ネガティブな考え方をしていると、ネガティブな状況、すなわち病気さえも引き寄せてしまいやすい。

これは宇宙の法則である。

多くの医学文献によると、「ほとんどの病気は心因性のものだ」と結論づけられている。平たく言えば、「病は気から」ということだ。まず心の持ち方を改める必要がある。

意識するかどうかに関係なく、私たちの体には自然治癒力という素晴らしい力が宿っている。自然治癒力は自己治癒能力ともいい、自分の健康を維持・増進する能力のことをさす。たいていの場合、心の持ち方がポジティブで、適度な睡眠・食事・運動を心がければ、自然治癒力が高まって病気は自然に治るのだ。

イリノイ州医師免許委員会委員長などの要職に就き、「民衆のための医師」として親しまれたロバート・メンデルソン博士は、「病院に診察に来る九割の人は、もともと病院に来る必要がない」と語っている。

健康であることに感謝し、今後も健康でありつづける努力をしよう。それが病気を寄せつけない最も効果的な方法である。

43

さっそうと歩く

創造性を高めるひとつの方法は、さっそうと歩くことである。一日に少なくとも三十分、できれば朝晩合わせて一時間ほど歩く習慣をつければ、心肺機能が高まって全身に酸素がみなぎり、脳が活性化される。

歩くと足腰はもちろん、直立歩行を支える腹筋と背筋も鍛えられる。さらに、両腕を振ることによって腕と肩の筋肉も鍛えられる。ムダな脂肪を燃焼して痩せることもできる。つまり、歩くことはバランスのとれた全身運動であり、ジムに行かなくても、いつでもどこでも無料でできる究極の健康法なのだ。

仕事でも人生でも、難題を抱えて解決策が見いだせないことがよくある。そんなときは外に出て歩いてみよう。ただし、**背中を丸めてとぼとぼと歩いてはいけ**

ない。胸を張り、前を向いて大きな歩幅で歩くのだ。

業績をあげる条件は強い精神力だが、それを支える基盤となるのは体力である。ギリシャのアリストテレスやドイツのカントといった名だたる哲学者も、気分転換を目的に歩くことを日課にしていた。

現代人は便利な生活に慣れて慢性的な運動不足に陥っている。日ごろ家庭や職場でこまめに歩いていると思っている人でも、実際はそんなに歩いていない。せいぜい三千歩、多くても五千歩程度だろう。健康効果を期待するだけでなく創造性を高めるためには、毎日、一万歩は歩く必要がある。

家の中でぼんやりしている暇があるなら、外に出て大いに歩こう。ストレスが解消できて爽快な気分になるし、心地よい疲労のおかげで熟睡できて明日への活力がわいてくるはずだ。

44

整理整頓を心がける

人間の心の状態は、それに合った環境をつくりだす。したがって、もしあなたが雑然とした環境の中で生活し仕事をしているとしたら、要注意だ。

プライベートでは、部屋の中の状態が、その人の人生を映しだす。部屋が整然としている人は、人生も整然としている。

それに対し、部屋が散らかって雑然としている人は、人生も雑然としている。

仕事、とくにオフィスワークの場合は机の上の状態が、その人の仕事の状態を映しだす。机の上が整然としている人は、段取りがよく、効率的に仕事を処理する。

それに対し、机の上が雑然としている人は、段取りが悪く、効率的に仕事を処理できない。

逆に、周囲の環境がその人の心の状態を決定づけるとも言える。整然とした環境なら、心の状態も整然とし、仕事も順調に進む。それに対し雑然とした環境なら、心の状態も雑然とし、仕事の質も粗くなる。

もし仕事やプライベートがうまくいっていないなら、部屋や机の状態をチェックするといい。雑然としているなら、整理整頓を心がけよう。そうすれば、すぐに好ましい変化が訪れるはずだ。

45

自分にお金をかける

現代社会は多種多様な物やサービスがあふれている。だから、稼いだお金を全部使ってしまいたいという誘惑を感じる人が多いのもうなずける。それだけに、その誘惑に打ち勝つだけの自制心を持つことは、経済的安定に欠かせない。

世の中には「お金は使った分だけ入ってくるから、心配せずに使えばいい」とアドバイスする人がいる。たしかにお金は天下の回り物であり、調子のいいときにはお金は使った分だけ入ってくるように思える。しかし、長い人生を考えると、これは危険なアドバイスと言わざるをえない。

たとえば、大リーガーは数百万ドルもの年俸を得るが、散財して引退後は困窮している人が多い。ごく一部の選手はコーチや監督になって現場に残るか解説者になって多額の報酬を得るが、それ以外の人は転職がうまくいかなかったり不動産や株式の投資に失敗したりして自己破産する人が少なくないのが現状だ。

一般のビジネスマンの場合でも、何十年も働いてお金を稼いだのに浪費してしまい、破産かそれに近い状態に陥るケースが増えているし、定年後は年金などの社会保障に頼って生きていかなければならない人が多い。また、自分や家族の事故や病気、入院、引っ越しなどで思わぬ出費がかさむことがある。さらに、事業を起こすときは多額の資金が必要になる。

以上の理由から、「雨の日に備えて傘を用意しておけ（日ごろからお金を節約しておけ）」という格言は真理である。

ただし、節約するといっても、知識や教養やスキルを身につけるためのお金まで出し惜しみしてはいけない。自己投資を怠るようでは自分を磨くことはできず、人間として成長することが困難になるからだ。

46

不便を発明につなげる

あなたは生活の中で不便に思っていることはないだろうか？　おそらくたくさんあるはずだ。それは世の中に貢献して莫大な財産を築くチャンスである。

一九五一年、ベティ・ネスミスは離婚後、母子家庭の生計を立てるために銀行の秘書として働きに出た。しかし、当時はタイプライターしかなく、一度でも誤字脱字をすると最初からやり直さなければならないので、彼女は非常に不便に思っていた。そんなある日、白い絵の具に特殊な液体を混ぜてマニキュアの瓶に入れ、付属の細筆を使ってミスを修正することを思いついた。彼女が発明した修正液は、タイプミスにおびえていた同僚のあいだで好評を博した。そこで退職して自宅で修正液の製造販売を開始し、順調に業績を伸ばした。数年後、彼女は自らが設立したリキッドペーパー社を五千万ドルで売却し、莫大な財産を築いた。

一九七〇年、３Ｍ社の社員アート・フライは日曜日に聖歌隊に参加していた。しおりを楽譜にはさんで歌っていたが、すぐに落ちてしまうので不便に思っていた。そこで、以前、同僚が開発した粘着力の弱い接着剤を思いだし、それを使って小さな紙をしおり代わりに貼りつけることにした。じつは、その接着剤は社内では失敗作とみなされ、お蔵入りしていたものだった。ポストイットという名で商品化されたこの付箋紙は、たちまち世界中で大ヒットし、毎年、数百万ドルの利益を同社にもたらしている。

あなたが日常生活で不便を感じていることは何だろうか？

知恵を絞って解決策を見つけ、それを商品化する方法を考えて実行に移そう。つまらないことだと思っていても、ヒットする可能性は大いにある。

47

目標を書きとめる

仕事でもプライベートでも目標を持つことは大切だが、それだけでは十分ではない。目標を紙に書きとめることは、目標を達成するうえでたいへん大きな効果を発揮する。それは数々の研究で実証されているとおりだ。

なぜ、目標を書きとめることが効果的なのだろうか？

頭の中にある思考はそのままでは抽象的なものが多いが、紙に書きとめる作業によって思考が研ぎ澄まされて抽象性が排除され、目標が具体的で明確になるからだ。

目標は具体的でなければ焦点が定まらない。抽象的な目標を持つことは、まるで霧の中をさまようようなものだ。

ハーバード大学の卒業生を対象に長期にわたる研究がおこなわれた。卒業時、彼らの八〇パーセントが具体的な目標を持たず、一五パーセントが目標を持っていたが書きとめず、五パーセントは目標を書きとめていた。

三十年後の追跡調査で、**目標を書きとめていた五パーセントの人たちは、残りの九五パーセントの人たちをすべて合わせたよりも大きな業績をあげた**ことがわかった。

目標を紙に書きとめるだけでなく、さらに効果的なのはそれを見えるところに貼っておくことだ。そうすれば、たえず意識を集中することができる。

48

潜在意識の力を活用する

私たちの心は顕在意識と潜在意識から成り立っている。顕在意識が日ごろ意識している心の領域であるのに対し、潜在意識は日ごろ意識していない心の領域だ。しかし、潜在意識には莫大な力が秘められていて、寝ているあいだも働きつづける。

十九世紀のドイツの化学者フリードリヒ・ケクレはベンゼンの研究に取り組んでいたが、化学構造の壁にぶち当たってずっと悩んでいた。さまざまなアイデアを思いついたものの、どれもうまくいかなかったのだ。

一八六一年のある日、ケクレはベルギーで教科書を執筆していたときにストーブの前で居眠りをした。そのとき、連なった原子が蛇のようにうねり、さらに別の一匹の蛇が自分の尻尾に噛みついて回転している夢を見た。それをきっかけにベンゼンの環状構造を思いつき、さっそくそのアイデアを書きとめた。

ケクレはそのメモをもとに研究をつづけ、論文の中でベンゼン核のケクレ式を発表した。こうして彼は「現代有機化学の父」として後世にその名を残すことになったのである。

寝ているあいだに潜在意識を働かせる有効な方法は、就寝の直前にその対象についてじっくり考えることだ。

就寝後、潜在意識はそれをもとに働きはじめ、素晴らしいアイデアを思いつくことがよくある。いつも枕元にメモを置いて、忘れないうちに書きとめよう。画期的な発明や発見につながる可能性がある。

49

人びとに尽くす

世の中には、自分さえよければいいと考える人たちが大勢いる。しかし、それは決して尊い生き方ではない。私たちができる身近な社会貢献のひとつは、人を助けることだ。

ノーベル平和賞を受賞したウッドロー・ウィルソン（第二十八代アメリカ大統領）は、こう言っている。

「あなたはたんに生計を立てるために生きているのではない。**あなたがこの世に存在するのは、人びとが豊かな生活をし、将来にビジョンを持ち、目標を達成するのを助けるためである。**あなたは世の中を豊かにするために生きているのであって、もしその使命を果たさないなら、自分をおとしめることになる」

また、旧約聖書の箴言の中には、栄華を誇った古代イスラエルの国王ソロモンの言葉がこう記されている。

寛大な人たちの世界はますます大きくなり、
けちな人たちの世界はますます小さくなる。
人を祝福する人は大いに祝福され、
人を助ける人は人に助けられる。

自分のことばかり考えている人は、精神的にも物質的にも豊かにはなれない。たとえ一時的に繁栄しても、あまり長つづきしない。つねに世の中全体の繁栄をめざし、困っている人たちを助けることが、共存共栄を実現する方法なのだ。

50

惜しみなく与える

聖書に「人はまいた種を刈り取る」という教えがあるが、これはよい意味と悪い意味の両方で使われる。善因善果、悪因悪果、すなわち、よい種をまけばよい収穫を得ることができるが、悪い種をまけば悪い収穫を得ることになるということだ。

人間として最も大切なのは、人びとに奉仕して与えることだ。実際、成功者は、自分が受け取ることより与えることをつねに優先している。その結果、**与えたものより多くのものを受け取ることができるのだ。**

銀行にお金の出し入れをする様子を想像してほしい。まず預金口座に預け入れをしなければ、引き出しをすることはできない。同様に、まず与えずに受け取ろうとしているなら、何も受け取ることができない。

心の銀行にたえず預け入れをしているかどうかを自問しよう。誰からも助けてもらえずに困っているなら、自分の預金口座が空っぽになっていないかどうか確認してみよう。


あなたはいつも人びとに親切にし、愛情を示し、敬意を持って接しているだろうか？　物心両面で惜しみなく与えているだろうか？

もしそうしているなら、物心両面で豊かな人生を送ることができる。

ノーベル平和賞を受賞したアルベルト・シュバイツァーは、こう語っている。

「人生の目的は、他者に対する思いやりを持ち、人びとを助けることである」

おわりに

社会に何かをしてもらいたいと要求するのは当然の権利である。しかしその前に、私たちは社会になんらかの貢献をしなければならない。権利を要求する前に義務を遂行するのが社会人としての正しい生き方である。

人はみな、生まれてから社会人になるまで、衣食住だけでなく教育や医療、福祉など、さまざまな恩恵を受けて育っている。だから、社会人になったからにはその恩返しをするべきなのだ。言いかえれば、世の中のために尽くすということである。

イギリスのノーベル賞作家バーナード・ショーは、こう言っている。

「自分が素晴らしいと思える目標のために全身全霊を傾け、自分を使いきり、社会に貢献する力になること。これこそが人生の本当の喜びだ。してもらうことばかり考えて、『自分が幸せになれないのは社会のせいだ』などと文句を言う利己的な人間になってはいけない」

自分が有意義だと思えるなら、どんな目標でもいい。それに一生懸命に打ち込むことだ。よりよいビジネスマンになること、よりよい経営者になること、よりよい職人になること、よりよい商売人になること、よりよい配偶者になること、よりよい親になること、よりよい息子や娘になって親孝行をすること、などなど。

仕事では人びとに喜びと満足を与え、家庭では配偶者や肉親に安らぎと誇りを持ってもらえる人間になるよう最善を尽くそう。それが社会に貢献し、無上の喜びを味わう方法である。

ジェームズ・スベンソン

本書は２００７年に小社が発行した『扉の法則』に修正を加えた改訂版です。

希望と幸福に満ちた
人生の扉をひらく50の法則

発行日　2016年9月15日　第1刷

Author　ジェームズ・スベンソン
Translator　弓場 隆
Book Designer　山本知香子

Publication　株式会社ディスカヴァー・トゥエンティワン
〒102-0093　東京都千代田区平河町2-16-1 平河町森タワー11F
TEL 03-3237-8321（代表）　FAX 03-3237-8323　http://www.d21.co.jp

Publisher　干場弓子
Editor　石橋和佳

Marketing Group　Staff
小田孝文　中澤泰宏　吉澤道子　井筒浩　小関勝則　千葉潤子
飯田智樹　佐藤昌幸　谷口奈緒美　山中麻吏　西川なつか　古矢薫
原大士　郭迪　松原史与志　中村郁子　蛯原昇　安永智洋　鍋田匠伴
榊原僚　佐竹祐哉　廣内悠理　伊東佑真　梅本翔太　奥田千晶
田中姫菜　橋本莉奈　川島理　倉田華　牧野類　渡辺基志　庄司知世
谷中卓

Assistant Staff
俵敬子　町田加奈子　丸山香織　小林里美　井澤徳子　藤井多穂子
藤井かおり　葛目美枝子　伊藤香　常徳すみ　イエン・サムハマ
鈴木洋子　松下史　片桐麻季　板野千広　阿部純子　岩上幸子
山浦和　小野明美

Operation Group　Staff
池田望　田中亜紀　福永友紀　杉田彰子　安達情未

Productive Group　Staff
藤田浩芳　千葉正幸　原典宏　林秀樹　三谷祐一　大山聡子　大竹朝子
堀部直人　井上慎平　林拓馬　塔下太朗　松石悠　木下智尋　鄧佩妍
李瑋玲

Proofreader　文字工房燦光
Printing　株式会社厚徳社

ISBN978-4-7993-1974-1　©Discover21.Inc., 2016, Printed in Japan.